창의력을 키워주는
하루 한 장 초등 글쓰기

지은이 / 박재찬(달리쌤)

아이들과 글로 이야기하는 걸 좋아하는 교사다. 글을 가지고 아이들과 꽁냥꽁냥 하는 걸 즐긴다. 어느덧 교사로서 아이들을 만나온 지 12년이나 되었다.

"I am not strange, I am just not normal."이라는 명언을 남긴 에스파냐의 초현실주의 화가 살바도르 달리를 오마주하여 '달리쌤'이라는 닉네임을 스스로 정했다. 이 책 『창의력을 키워주는 하루 한장 초등 글쓰기』에 나온 질문들도 초현실주의자들이 즐겨 사용하던 '데페이즈망'이라는 기법을 사용하여 만들었다. 'not normal'한 생각을 통해 상상력이 생겨난다고 믿고 있으며, 학급의 모든 학생들이 웃으면서 신나게 글쓰기를 하는 'not normal'한 공상을 자주 한다.

"어떻게 하면 글쓰기를 싫어하는 초등학생들이 글쓰기를 좋아하게 만들 수 있을까?"라는 질문에 대한 답을 찾아가는 과정에서 『상상력을 키워주는 하루 한장 초등 글쓰기』와 『창의력을 키워주는 하루 한장 초등 글쓰기』를 펴냈다. 이 책이 징검다리가 되어, 무라카미 하루키나 베르나르 베르베르보다 탁월한 소설가가 우리 반에서 탄생하길 바라고 있다.

그린이 / 김영주

『최진기의 교실밖 인문학』, 『장선화의 교실밖 글쓰기』, 『창의력을 키워주는 하루 한장 초등 글쓰기』에 그림을 그렸다.

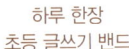

하루 한장   달리플래닛
초등 글쓰기 밴드   블로그

초판 1쇄 발행 2020년 10월 5일
9쇄 발행 2025년 2월 1일
지은이 박재찬
그린이 김영주
펴낸이 이형세
펴낸곳 테크빌교육㈜
책임편집 이윤희 | **디자인** 어수미
테크빌교육 출판 서울시 강남구 언주로 551, 5층 | **전화** (02)3442-7783 (142)

ISBN 979-11-6346-096-1 73700
책값은 뒤표지에 있습니다.

테크빌교육 채널에서 교육 정보와 다양한 영상 자료, 이벤트를 만나세요!

블로그 blog.naver.com/njoyschoolbooks   **페이스북** facebook.com/teacherville
티처빌 teacherville.co.kr   **키즈티처빌** kids.teacherville.co.kr
쌤동네 ssam.teacherville.co.kr   **티처몰** shop.teacherville.co.kr

이 책의 무단 전재와 무단 복제를 금합니다.
잘못 만들어진 책은 구입하신 서점에서 교환해드립니다.

※ 이 책은 『상상력을 키워주는 초등학생 글쓰기 192』(2018, BOOKK[부크크])의 개정 복간 도서입니다.

생각은 표현하고 나눌수록 커진다!

창의력을 키워주는

하루 한장

초등 글쓰기

글쓰기 질문 **100**

박재찬 지음 | 김영주 그림

테크빌교육

머리말

상상력과 창의력은 무엇이 다른 걸까?

많은 사람들이 상상력과 창의력은 서로 비슷한 것이라고 생각합니다. 하지만 엄격하게 말하면 상상력과 창의력은 조금 다릅니다. 국립국어연구원 표준국어대사전에서 '상상력'과 '창의력'의 뜻을 찾아보았습니다.

상상력 : 실제로 경험해보지 않은 것을 마음속으로 그려보는 힘
창의력 : 새로운 것을 생각해내는 힘

상상력은 머릿속에서 자유롭게 상상해내는 능력을 말합니다. 내가 원하는 주제에 대해 마음껏 생각을 펼쳐보는 것이죠. 창의력은 대체로 문제 해결 관점에서 새로운 것을 생각해내는 능력을 말합니다.
예를 한번 들어볼까요?
"사람이 달에 갈 수 있을까?"라는 질문을 듣고 달에 갈 수 있는 방법을 자유롭게 생각한다면, 이건 상상력이 풍부한 것입니다. 그런데 같은 질문을 듣고 테슬라의 CEO 일론 머스크처럼 '지금까지는 없었던 새로운 달 탐사선을 어떻게 만들면 좋을까?'를 생각한다면, 이건 창의력이 뛰어난 것입니다.

창의력은 어떻게 키울 수 있을까?

그러면 어떻게 해야 창의적인 사람이 될 수 있을까요? 창의적이라고 인정받는 사람들에게 어떻게 해야 창의적인 생각을 할 수 있냐고 물으면, 보통 이렇게 대답합니다.

"음, 그냥 생각하다 보니까 갑자기 아이디어가 떠올랐어요."
"평소에 이런저런 생각을 많이 하다 보니 새로운 생각도 많이 하게 되는 것 같아요."

세계에서 가장 유명한 과학자이자 창의력의 대명사인 알베르트 아인슈타인은 창의력이 무엇이냐는 질문에 이렇게 대답했습니다.

Creativity is intelligence having fun.
창의력은 지능을 재미있게 쓰는 것이다.

아인슈타인의 말은 '재미를 느낄 때 창의력이 생겨난다.'고 해석할 수 있습니다.
학교에서 수업을 하면서 "어떻게 이런 생각을 할 수 있지? 우와, 대단하다!"라는 궁금증과 감탄을 자아내는 학생들은 대부분 글쓰기를 재미있어했습니다. 그 아이들은 누구도 생각하지 못했던 새로운 생각과 문제 해결 방법을 글을 통해 만들어냈습니다. 어제 글을 쓰며 떠올렸던 아이디어를 오늘의 아이디어와 연결시켰습니다. 어제 떠올린 아이디어를 바탕으로 오늘의 글을 쓰기도 했고요. 이렇게 시간이 지나면서 새롭고 독창적인 아이디어들이 눈덩이처럼 불어났습니다. 아이들은 글쓰기를 더 재미있어하게 되었고, 새로운 생각을 해내는 힘인 창의력에 근육이 붙어 창의력 몸짱이 되었습니다.

어떻게 하면 창의적인 사람이 될 수 있냐고요? 아주 효과적인 방법 한 가지를 소개합니다. 그건 바로 글쓰기입니다. 글쓰기에 재미를 느끼고 하루 한 장씩 꾸준히 써나가다 보면, 나도 모르는 사이에 창의적인 사람이 될 수 있습니다. 아인슈타인의 말처럼, 지능을 재미있게 쓰다 보면 자연스럽게 창의력이 생겨나는 것이죠.

매일 하루 한 장 창의력 글쓰기

하루 한 장 짧은 글쓰기를 통해 아이들의 상상력과 창의력이 자라는 것을 가까이서 지켜보았습니다. 그런데 상상력과 창의력을 딱 잘라 구분해서 기를 수는 없더군요. 풍부한 상상이 있어야만 새로운 것을 생각해내는 창의적인 생각이 싹틀 수 있기 때문입니다. 상상력의 바탕 위에서 창의력이 키워진다고 볼 수 있겠죠.

『상상력을 키워주는 하루 한 장 초등 글쓰기』에서 아이들이 자유롭게 상상하고 꿈꿔볼 수 있는 질문들에 집중했다면, 이 책『창의력을 키워주는 하루 한 장 초등 글쓰기』에서는 새로운 것을 생각하게 해주는 질문, 즉 창의력을 끌어낼 수 있는 질문들에 집중했습니다. 두 권을 나란히 놓고 써본다면 조금 더 도움이 될 것 같다는 생각이 드네요.

자, 그러면 지금부터 창의력을 키워주는 질문들과 함께 마음껏 새로운 것들을 생각해볼까요?

차례

머리말	4
하루 한 장 글쓰기 습관	8
더 쉬운 글쓰기 방법	9
초등학생들이 들려주는 글쓰기 비법	10
이 책의 사용법	12
나와의 약속	14
창의력을 키워주는 글쓰기 질문 100	17
글쓰기 인증서	123

매일 하루 한 장 꾸준히 글을 쓰다 보면

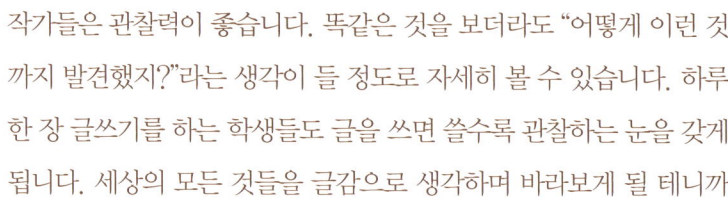

하루 한 장 글쓰기 습관

우리 아이들에게 변화가 생깁니다.

첫째, 관찰하는 눈이 생겨납니다.

작가들은 관찰력이 좋습니다. 똑같은 것을 보더라도 "어떻게 이런 것까지 발견했지?"라는 생각이 들 정도로 자세히 볼 수 있습니다. 하루 한 장 글쓰기를 하는 학생들도 글을 쓰면 쓸수록 관찰하는 눈을 갖게 됩니다. 세상의 모든 것들을 글감으로 생각하며 바라보게 될 테니까요. 글을 쓰며 관찰하고, 관찰하며 글을 쓰게 됩니다.

둘, 생각하는 힘이 길러집니다.

글쓰기의 장점은 생각하게 만들어준다는 것입니다. 여러분은 하루에 몇 번이나 생각하나요? 초등학생들은 대부분 별다른 생각 없이 하루를 보냅니다. 하지만 글쓰기 할 때는 생각을 할 수밖에 없습니다. 머릿속에 담겨 있는 생각이 글로 나오는 것이니까요. 하루 한 장 글쓰기를 할 때만이라도 생각하는 것에 집중한다면 생각하는 힘을 조금씩 길러갈 수 있습니다.

셋, 글쓰기 근육이 단단해집니다.

몸에만 근육이 있는 게 아닙니다. 마음에도 뇌에도 보이지 않는 근육이 있습니다. 어떻게 하면 뇌에 있는 근육을 키울 수 있을까요? 운동을 하면 근육이 생기는 것처럼 매일 하루 한 장씩 꾸준히 글을 쓰다 보면 뇌에 있는 글쓰기 근육이 단단해집니다. 단단한 근육을 가진 사람들이 무거운 것들을 쉽게 들어 올릴 수 있듯이, 단단한 글쓰기 근육을 가진 사람들은 글을 쉽게 써낼 수 있습니다.

글을 더 쉽게 쓸 수 있는 방법을 소개합니다.

더 쉬운 글쓰기 방법

첫째, 주변을 살펴봅니다.

새로운 것을 생각해내 글을 쓰기 어렵다고요? 그렇다면 주변을 둘러보세요. 세상에서 새롭게 만들어진 것들은 모두 다 원래 있었던 것들에서 생겨났습니다. 내 주변에서 볼 수 있는 것들을 합쳐보거나, 바꿔보거나, 없애보거나, 전혀 다른 곳에서 사용한다고 상상해보세요. 이런 생각들을 하다 보면 어떤 내용을 써야 할지 생각이 '번쩍' 떠오르는 순간을 만나게 될 겁니다.

둘째, 내 생각을 말해봅니다.

소설가들은 어떤 이야기를 써야 할지 막막할 때마다 지금까지 쓴 내용을 친구들에게 이야기해본다고 합니다. 내 머릿속에 담겨 있는 생각들을 말로 옮기다 보면 생각하지 못했던 아이디어가 갑자기 떠오르기도 하기 때문이죠. 글쓰기 질문을 읽고 어떻게 써야 할지 모르겠다면 떠오르는 생각들을 친구들이나 부모님에게 이야기해보세요. 말하면서 새로운 생각을 만나게 될 수도 있고, 내 이야기를 들은 친구나 부모님이 좋은 아이디어들을 줄지도 모릅니다.

셋째, 일단 써봅니다.

글을 쓰다 보면 도대체 뭘 어떻게 써야 할지 모를 때가 있습니다. 그럴 때는 그냥 아무 내용이나 생각나는 대로 써보세요. 생각이 안 난다고요? 그럼, 생각이 안 나는 대로 써보세요. 말이 안 되더라도 일단 쓰다 보면 생각이 나기도 합니다. 만약 그래도 쓰기가 어렵다면 그림으로 그려보세요. 그리다 보면 써야 할 내용, 쓰고 싶은 내용이 떠오를 겁니다.

마음대로 써라!
아침 글쓰기는 자기 마음대로 쓰는 것이다. 그래야 잘 써진다.

평소에 많이 놀아라!
평소에 영화도 많이 보고, 책도 많이 읽고, 많이 놀아야지 글쓰기를 더 잘 할 수 있다. 생각을 더 잘 할 수 있는 비법이다. ㅤㅤㅤㅤㅤㅤ_ 송연수

나에게 일어난 일이라고 상상해보자!
글쓰기 주제는 단순한 글이 아니다. 실제로 나에게 일어난 일이라고 상상하며 쓰면 더 쉽게 쓸 수 있다.

읽어보며 써보자!
글을 쓰다가 막힐 땐 자기 글을 쭉 읽어보자! 지금까지 쓴 글에서 힌트를 얻을 수도 있고, 똑같은 말을 반복하는 것을 피할 수 있다.

부담감을 버리자!
급하게 쓸 필요도 없고, 끝까지 모두 채울 필요도 없다. 부담을 느끼지 말고 쓰고 싶은 대로 써보자.(단, 대충 쓰라는 말은 아님) ㅤㅤ_ 길담희

그림과 같이 써보자!
글에 맞는 그림을 그리다 보면 생각이 더 잘 난다.

친구들이 어떻게 썼는지 구경해보자!
생각이 안 날 때는 친구들의 글을 읽어보자. 그러다 보면 어떻게 써야 할지 감이 딱! 온다.
_ 전효정

아침 시간 안에 끝내라!
1교시 시작 전 무조건 끝낸다고 생각하자. 반드시 써야 한다고 생각하다 보면 뭔가 손이 빨라지면서 아이디어가 떠오른다.

친구들의 글쓰기를 많이 읽어보자!
친구들의 글쓰기를 통해 두 가지를 배울 수 있다. 자기 글에서 고쳐야 할 점과 더 쓰고 싶은 점.
_ 조현서

책이나 영화에서 아이디어를 얻자!
생각이 잘 안 나면 옛날에 봤던 책이나 영화를 떠올려보자. _ 최성욱

번호를 매기며 써보자!
여러 가지 방법을 생각해야 할 때는 번호를 매기면서 써보자. 더 쉽고 다양하게 아이디어를 떠올릴 수 있다.
_ 송하진

이 책의 사용법

 001

교실 의자가 달콤한 마카롱이라면 어떤 일이 일어날까요?

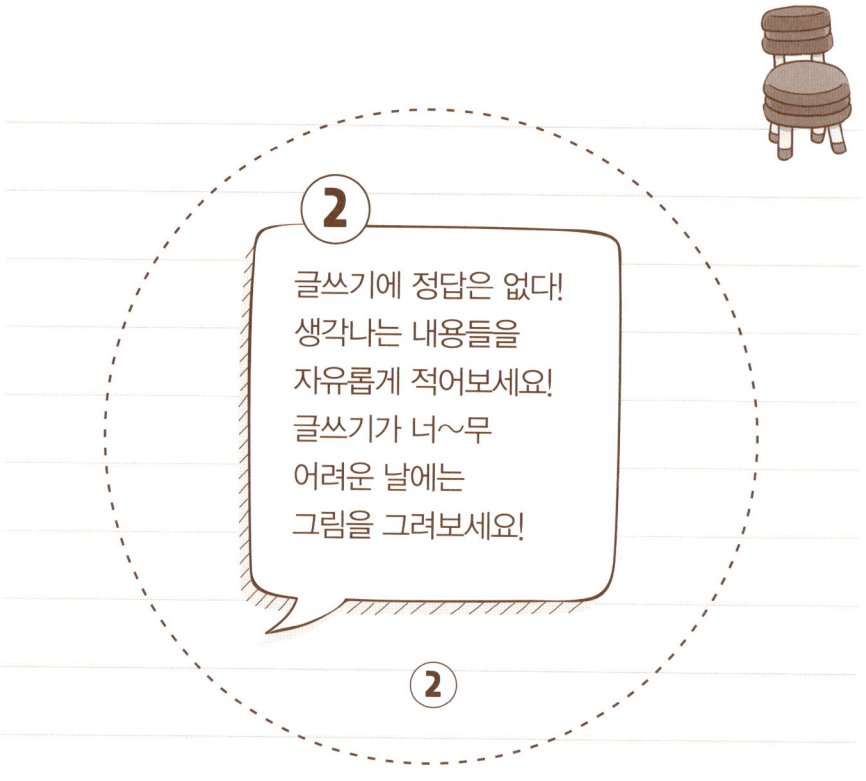

② 글쓰기에 정답은 없다! 생각나는 내용들을 자유롭게 적어보세요! 글쓰기가 너~무 어려운 날에는 그림을 그려보세요!

멋진 생각, 멋진 문장, 멋진 단어를 칭찬해보세요!

③

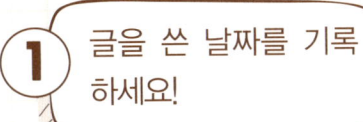

① 글을 쓴 날짜를 기록하세요!

002   ✏️ 이 글을 쓴 오늘은   ① 년   월   일

오늘은 무슨 일을 했든지 무조건 칭찬받는 '칭찬 Day'입니다. 선생님이 나에게 어떤 칭찬을 해주실 것 같나요?

②

멋진 생각, 멋진 문장, 멋진 단어를 칭찬해보세요!

③

③ 내가 쓴 글을 다른 사람들과 공유할수록 글쓰기 실력이 좋아집니다. 나 또는 친구들의 글을 읽고 멋진 생각, 문장, 단어를 칭찬해보세요!

예시

나와의 약속

나 ___박친절___ 은/는 ___9월 1일___ 부터 시작해 하루 한 장씩 글쓰기를 하겠다는 것을 약속합니다.

글쓰기는 나에게 이런 도움을 줍니다.

하나, 창의력을 키워줍니다.
둘, 생각을 글로 정리할 수 있게 해줍니다.
셋, 매일 꾸준히 하는 습관을 길러줍니다.

나는 ___매일 아침___ 시간에 글쓰기를 하겠습니다.

매일 한 편씩 빼먹지 않고 글을 쓴다면 보상으로
___친구들과 30분씩 운동장에서 놀겠___ 습니다.

만약, 매일 한 편씩 글쓰기를 하지 않는다면
___점심시간, 쉬는 시간에 놀지 않고 글쓰기를 하겠___ 습니다.

약속은 스스로 지키는 것입니다.

서명 ___박친절___

나와의 약속

나 _____ 은/는 _____ 부터 시작해 하루 한 장씩 글쓰기를 하겠다는 것을 약속합니다.

글쓰기는 나에게 이런 도움을 줍니다.

_____
_____
_____

나는 _____ 시간에 글쓰기를 하겠습니다.

매일 한 편씩 빼먹지 않고 글을 쓴다면 보상으로
_____ 습니다.

만약, 매일 한 편씩 글쓰기를 하지 않는다면
_____ 습니다.

약속은 스스로 지키는 것입니다.

서명_____

참고문헌

826 VALENCIA (2016),『창의력을 키우는 초등 글쓰기 좋은 질문 642』, 넥서스Friends

민상기 (2015),『현직 초등교학교 선생님이 알려주는 초등학생이 좋아하는 글쓰기 소재 365』, 연지출판사

인텔리전트 체인지 저 · 정지현, 정은희 역 (2017),『하루 5분 아침 일기』, 심야책방

하루 한 장, 20분 동안 창의력 글쓰기를 해보세요.

매일 한 가지 질문을 보면서, 답을 생각해보고,
자유롭게 써보세요.

세상에 없는 이야기를 떠올려보면서,
생각만으로도 웃음이 나는 시간을 가져보세요.

한 편의 글을 꼭 완성하지 않아도 좋아요.

창의력 글쓰기는 즐거운 시간이어야 하니까요.

자, 이제 글을 써볼까요? ^^

예시. 1

 **000**　　✎ 이 글을 쓴 오늘은　　년　　월　　일

교실 의자가 달콤한 마카롱이라면 어떤 일이 일어날까요?

의자가 달콤한 마카롱이라면 수업 시간에 의자를 조금씩 몰래 먹을 것 같습니다. 학교에서 마카롱을 먹으려고 아침밥을 안 먹고 오는 아이들이 생길지도 모릅니다. 주의할 점은 많이 먹으면 의자가 줄어들기 때문에 아주 조금씩만 먹어야 한다는 것입니다.
그런데 마카롱을 오래 두면 곰팡이가 생길 수도 있는데 어떻게 해야 할까요? 모르겠다. 일단 먹어버려야겠다.

멋진 생각, 멋진 문장, 멋진 단어를 칭찬해보세요!

마카롱을 몰래 먹는다는 생각이 재미있다. 우리 반 친구들 모두가 마카롱 의자를 먹어버린다면, 다음 날 선생님이 새 의자를 가져다 주시지 않을까? 의자가 있어야 공부를 할 수 있기 때문이다.

예시 1. 2

 000　　✎ 이 글을 쓴 오늘은　　　년　　　월　　　일

교실 의자가 달콤한 마카롱이라면 어떤 일이 일어날까요?

교실에 있는 의자가 마카롱이라면 이렇게 세 가지 문제가 일어날 것 같다.
하나, 아이들이 수업 시간에 공부는 안 하고 마카롱을 먹고 있을 것 같다. 선생님이 우리 쪽을 보실 때는 앉아 있는 척하고, 칠판을 보실 때는 조금씩 의자를 먹는 것이다.
둘, 여러 명이 앉았을 때 마카롱 속 크림이 튀어나와 옷에 크림이 묻을 것이다.
셋, 여름에는 마카롱 냄새를 맡고 개미와 파리, 그리고 벌레들이 교실로 모여들 것 같다. 만약 의자를 마카롱으로 만든다면 겨울에만 사용해야 할 것 같다.

멋진 생각, 멋진 문장, 멋진 단어를 칭찬해보세요!

의자가 마카롱이 되었을 때 일어날 수 있는 일을 세 가지로 나눠서 말한 점이 멋지다. 한 가지만 생각하는 것도 쉽지 않은데 이렇게 다양하게 생각할 수 있는 비법이 궁금하다.

 **001** ✎ 이 글을 쓴 오늘은   년   월   일

교실에 있는 의자가 달콤한 마카롱이라면 어떤 일이 일어날까요?

멋진 생각, 멋진 문장, 멋진 단어를 칭찬해보세요!

세상의 모든 초등학생들이 가고 싶어 하는 놀이터는 어떤 모습일까요? 어떤 놀이기구들이 어떤 모습으로 꾸며져 있을까요? 오늘은 그려보세요!

멋진 생각, 멋진 문장, 멋진 단어를 칭찬해보세요!

 **003** ✎ 이 글을 쓴 오늘은　　　년　　　월　　　일

바닷가재를 스마트폰으로 사용하게 된다면 어떤 일이 생길까요?

멋진 생각, 멋진 문장, 멋진 단어를 칭찬해보세요!

 **004** ✎ 이 글을 쓴 오늘은   년   월   일

새로 태어난 동생의 머리에서 머리카락이 아니라 라면 면발이 자라나고 있습니다. 앞으로 어떤 일들이 생길까요?

멋진 생각, 멋진 문장, 멋진 단어를 칭찬해보세요!

 **005** ✎ 이 글을 쓴 오늘은   년   월   일

구름은 어떤 맛일까요? 날마다 맛과 향이 같을까요?

멋진 생각, 멋진 문장, 멋진 단어를 칭찬해보세요!

 **006** ✏️ 이 글을 쓴 오늘은   년   월   일

당신은 팽이입니다. 날마다 매를 맞고 있죠. 나를 더 이상 때리지 못하게 설득하는 편지를 써보세요.

멋진 생각, 멋진 문장, 멋진 단어를 칭찬해보세요!

 **007** ✎ 이 글을 쓴 오늘은   년   월   일

과자들을 모아 가방을 만들어보려고 합니다. 어떤 과자들이 좋을까요? 그리고 어떤 모양으로 만들어보고 싶나요?

멋진 생각, 멋진 문장, 멋진 단어를 칭찬해보세요!

나는 김밥 회사의 직원입니다. 이번에 대왕 김밥을 만드는 프로젝트에 참여하게 되었습니다. 내가 만들고 싶은 대왕 김밥에는 어떤 재료들이 얼마만큼 들어 있나요? 그 김밥의 이름은 무엇인가요? 오늘은 그려보세요!

멋진 생각, 멋진 문장, 멋진 단어를 칭찬해보세요!

 **009** ✎ 이 글을 쓴 오늘은   년   월   일

내가 원하는 순간에 투명인간이 될 수 있는 능력을 갖게 되었습니다. 언제 이 능력을 사용해보고 싶나요?

멋진 생각, 멋진 문장, 멋진 단어를 칭찬해보세요!

 **010**　　✎ 이 글을 쓴 오늘은　　년　　월　　일

우리 반의 누군가 때문에 500만원의 상금을 받게 되었습니다. 어떤 친구 덕분일까요? 그리고 어떤 일이 있었던 것일까요?

멋진 생각, 멋진 문장, 멋진 단어를 칭찬해보세요!

 **011** ✎ 이 글을 쓴 오늘은   년   월   일

초등학생들을 고객으로 하는 푸드 트럭 창업을 하려고 합니다. 어떤 메뉴와 서비스로 고객의 마음을 사로잡을 것인가요?

멋진 생각, 멋진 문장, 멋진 단어를 칭찬해보세요!

 **012**   ✎ 이 글을 쓴 오늘은   년   월   일

깜빡 잊고 숙제를 하지 못했습니다. 어떤 거짓말을 하면 선생님을 속일 수 있을까요?
(현실에서는 거짓말을 하지 않아야겠죠?)

멋진 생각, 멋진 문장, 멋진 단어를 칭찬해보세요!

 **013** ✎ 이 글을 쓴 오늘은   년   월   일

'달리펜'이라는 펜으로 글을 쓰면 어떤 글이든 쉽게 쓸 수 있다고 합니다. 그런데 부모님이 달리펜을 잘못 사용해서 큰 위험에 처했습니다. 어떤 일이 있었던 것일까요?

멋진 생각, 멋진 문장, 멋진 단어를 칭찬해보세요!

 **014** ✎ 이 글을 쓴 오늘은   년   월   일

사람들은 왜 악수할 때 두 손을 마주 잡기만 할까요? 좀 더 신나게 할 수 있는 방법은 없을까요? 어떻게 하면 신나게 악수할 수 있을까요?

멋진 생각, 멋진 문장, 멋진 단어를 칭찬해보세요!

 015 이 글을 쓴 오늘은   년   월   일

끝말잇기를 해봅시다. 단어 → 어부바 → 바다. 다음은 내 차례입니다. 수준을 높여 세 글자로 된 단어만 사용해서 끝말잇기를 계속해보세요.

멋진 생각, 멋진 문장, 멋진 단어를 칭찬해보세요!

 **016** ✎ 이 글을 쓴 오늘은   년   월   일

어느 날 나는 편의점에 있는 전자레인지가 되어버렸습니다. 아침부터 저녁까지 나의 하루를 이야기해주세요.

멋진 생각, 멋진 문장, 멋진 단어를 칭찬해보세요!

 **017** ✎ 이 글을 쓴 오늘은   년   월   일

책상 위에 'Kill 115125425'라고 쓰인 쪽지가 놓여 있습니다. 이 쪽지가 어떻게 해서 이곳에 놓여 있게 되었을까요? 무슨 뜻일까요?

멋진 생각, 멋진 문장, 멋진 단어를 칭찬해보세요!

 **018** ✎ 이 글을 쓴 오늘은   년   월   일

거짓말 탐지기를 갖게 되었습니다. 누구에게 어떤 질문을 하고 싶나요?

멋진 생각, 멋진 문장, 멋진 단어를 칭찬해보세요!

019

✏️ 이 글을 쓴 오늘은   년   월   일

나는 유명한 유튜브 크리에이터의 자녀입니다. 아버지가 자신의 유튜브 아이디를 나에게 물려준다고 약속했습니다. 앞으로 유튜브를 어떻게 운영할 것인가요?

멋진 생각, 멋진 문장, 멋진 단어를 칭찬해보세요!

020 ✎ 이 글을 쓴 오늘은   년   월   일

나는 한국에서 가장 유명한 봉춘 서커스단의 단원입니다. 서커스단에는 접시 돌리기, 공중그네, 줄타기 등 곡예 전문가들이 많습니다. 나의 특기는 무엇인가요? 그동안 위험했던 순간은 없었나요?

멋진 생각, 멋진 문장, 멋진 단어를 칭찬해보세요!

 **021**　　✎ 이 글을 쓴 오늘은　　　년　　　월　　　일

마시면 사랑에 빠지는 마법의 물약을 갖게 되었습니다. 이 물약을 어떻게 사용하고 싶나요?

멋진 생각, 멋진 문장, 멋진 단어를 칭찬해보세요!

022

✏️ 이 글을 쓴 오늘은   년   월   일

한국은행에서 10만 원짜리 지폐의 디자인을 나에게 의뢰했습니다. 어떤 인물이 들어가면 좋을까요? 어떻게 디자인할 계획인가요? 오늘은 그려보세요.

멋진 생각, 멋진 문장, 멋진 단어를 칭찬해보세요!

 **023** ✏️ 이 글을 쓴 오늘은   년   월   일

엄마, 자장면, 실수, 일본. 이 네 가지 단어를 사용해 이야기를 만들어보세요.

멋진 생각, 멋진 문장, 멋진 단어를 칭찬해보세요!

 **024** ✎ 이 글을 쓴 오늘은   년   월   일

나는 실리콘밸리에서 극비로 진행되는 초소형화 실험의 잠수정 조종사입니다. 나의 임무는 초소형 잠수정을 타고 인체를 탐험하는 것입니다. 출발점은 오른쪽 귀, 도착점은 왼쪽 귀입니다. 출발에서 도착까지 어떤 일들이 일어나게 될까요?

멋진 생각, 멋진 문장, 멋진 단어를 칭찬해보세요!

 **025** ✏️ 이 글을 쓴 오늘은   년   월   일

다른 사람의 꿈속에 내 마음대로 나타날 수 있는 능력을 갖게 되었습니다. 누구의 꿈속에 들어가서 어떤 일을 해보고 싶나요?

멋진 생각, 멋진 문장, 멋진 단어를 칭찬해보세요!

 **026** 　　✎ 이 글을 쓴 오늘은　　　　년　　　월　　　일

아침에 침대에서 눈을 떴습니다. 그런데 아무것도 보이지 않습니다. 눈을 여러 번 깜빡거려봤지만 보이는 것은 까만 어둠뿐입니다. 앞으로 나는 어떻게 살아야 할까요?

멋진 생각, 멋진 문장, 멋진 단어를 칭찬해보세요!

 **027** ✎ 이 글을 쓴 오늘은   년   월   일

누명을 쓰고 교도소에 갇혔습니다. 같은 방 동료들과 6개월 동안 탈옥 계획을 세웠습니다. 드디어 오늘 밤이 탈옥하는 날입니다. 행동으로 옮기기 전, 탈옥 계획을 동료들에게 설명해주세요.

멋진 생각, 멋진 문장, 멋진 단어를 칭찬해보세요!

 **028** ✎ 이 글을 쓴 오늘은   년   월   일

동그라미를 닮은 동물 다섯 종류를 찾아보세요. 그리고 어떤 점이 닮았는지 말해보세요.

멋진 생각, 멋진 문장, 멋진 단어를 칭찬해보세요!

 **029** ✎ 이 글을 쓴 오늘은   년   월   일

키가 자라서 이제는 맞지 않는 청바지를 버리는 대신에 다른 데 사용하는 방법이 있을까요? 어떻게 사용하면 좋을까요?

멋진 생각, 멋진 문장, 멋진 단어를 칭찬해보세요!

030

✏️ 이 글을 쓴 오늘은   년   월   일

연필은 나무와 흑연으로 만듭니다. 연필을 나무와 흑연 대신에 다른 재료로 만든다면 어떨까요? 어떤 재료를 사용하면 좋을까요? 이 연필은 어떻게 사용하면 될까요?

멋진 생각, 멋진 문장, 멋진 단어를 칭찬해보세요!

 **031** ✎ 이 글을 쓴 오늘은 　　년　　월　　일

책을 한 번만 슬쩍 훑어봐도 내용을 모두 외울 수 있는 능력을 갖게 되었습니다. 이 능력을 어디에 어떻게 사용해보고 싶나요?

멋진 생각, 멋진 문장, 멋진 단어를 칭찬해보세요!

032   ✎ 이 글을 쓴 오늘은   년   월   일

『헨젤과 그레텔』이라는 동화처럼 과자로 만들어진 집에서 살게 되었습니다. 집을 무너뜨리지 않으면서 과자를 먹을 수 있는 방법이 있을까요?

멋진 생각, 멋진 문장, 멋진 단어를 칭찬해보세요!

 **033** ✏️ 이 글을 쓴 오늘은　　　년　　　월　　　일

무쇠로 만든 엄청나게 무거운 필통이 있다면 연필, 지우개, 볼펜 같은 필기도구를 어떻게 가지고 다녀야 할까요?

멋진 생각, 멋진 문장, 멋진 단어를 칭찬해보세요!

034 ✏️ 이 글을 쓴 오늘은   년   월   일

선생님에게 들키지 않고 아침 독서 시간에 책 읽는 척하는 방법이 있을까요?

멋진 생각, 멋진 문장, 멋진 단어를 칭찬해보세요!

 **035** ✎ 이 글을 쓴 오늘은   년   월   일

우리 반 친구들 중 한 명을 선택하세요. 그 친구의 오늘 하루를 빠짐없이 관찰해서 적어보세요. 단! 친구가 절~대 모르게 비밀로 관찰해야 합니다. 스파이처럼요!

멋진 생각, 멋진 문장, 멋진 단어를 칭찬해보세요!

036 ✏️ 이 글을 쓴 오늘은   년   월   일

세상의 모든 수학 문제를 풀 수 있는 수학 천재가 되었습니다. 앞으로 나는 어떤 인생을 살게 될까요?

멋진 생각, 멋진 문장, 멋진 단어를 칭찬해보세요!

 이 글을 쓴 오늘은　　　년　　　월　　　일

코끼리만큼 커다란 복숭아가 있다면 어떻게 나눠 먹는 게 좋을까요?

멋진 생각, 멋진 문장, 멋진 단어를 칭찬해보세요!

 **038** ✎ 이 글을 쓴 오늘은   년   월   일

내 짝과 몸이 바뀌어버렸습니다. 어떻게 하면 다시 원래 내 몸으로 돌아올 수 있을까요?

멋진 생각, 멋진 문장, 멋진 단어를 칭찬해보세요!

 **039** ✎ 이 글을 쓴 오늘은   년   월   일

큰 부자가 우리 학교에 1억 원의 돈을 주면서 교실, 운동장, 화장실, 과학실, 음악실, 컴퓨터실 등 어떤 공간이든지 하나를 골라서 새롭게 만들어보라고 합니다. 어떤 공간을 어떻게 꾸며 보고 싶나요? 그 공간에 무엇을 더 넣고 싶나요?

멋진 생각, 멋진 문장, 멋진 단어를 칭찬해보세요!

040 ✎ 이 글을 쓴 오늘은   년   월   일

조금이라도 말을 하면 즉시 쫓겨나는 미술관에 갔습니다. 그런데 '과일 바구니' 그림이 갑자기 나에게 말을 걸었습니다. "이거 먹을래?" 나는 어떻게 해야 할까요?

멋진 생각, 멋진 문장, 멋진 단어를 칭찬해보세요!

 **이 글을 쓴 오늘은   년   월   일**

내가 그리는 것을 모두 현실로 만들어주는 마법의 붓을 갖게 되었습니다. 이 소식을 들은 이탈리아의 범죄 조직 마피아에서 마법의 붓을 빼앗으러 온다고 합니다. 어떻게 할 것인가요?

멋진 생각, 멋진 문장, 멋진 단어를 칭찬해보세요!

 **042** ✏️ 이 글을 쓴 오늘은   년   월   일

지금까지 읽었던 책 중에서 가장 재미있었던 책은 무엇인가요? 그 책을 소개하고 광고하는 글을 써보세요.

멋진 생각, 멋진 문장, 멋진 단어를 칭찬해보세요!

 **043** ✎ 이 글을 쓴 오늘은   년   월   일

〈징글벨〉을 대신할 새로운 크리스마스 캐롤의 작사를 맡게 되었습니다. 이 노래의 가사를 어떻게 써보고 싶나요?

멋진 생각, 멋진 문장, 멋진 단어를 칭찬해보세요!

 **044** ✎ 이 글을 쓴 오늘은   년   월   일

돋보기로 사람의 눈을 자세히 들여다보면 어떤 것들이 보일까요? 만약, 돋보기가 없다면 거울 앞에 가까이 서서 살펴보세요.

멋진 생각, 멋진 문장, 멋진 단어를 칭찬해보세요!

만화 속 주인공을 '1일 선생님'으로 모시게 되었습니다. 어떤 만화의 어떤 주인공인가요? 그리고 무슨 내용을 배우게 될까요?

멋진 생각, 멋진 문장, 멋진 단어를 칭찬해보세요!

 **✎ 이 글을 쓴 오늘은   년   월   일**

세상에서 가장 잘생긴 사람은 과연 어떻게 생겼을까요? 오늘은 그려보세요!

멋진 생각, 멋진 문장, 멋진 단어를 칭찬해보세요!

 **047** ✎ 이 글을 쓴 오늘은   년   월   일

나에게 신비한 능력이 생겼습니다. 바로 염력입니다. 염력은 생각만으로 물건의 위치를 옮길 수 있는 능력입니다. 이 능력을 어떻게 사용할 것인가요?

멋진 생각, 멋진 문장, 멋진 단어를 칭찬해보세요!

 **048** ✎ 이 글을 쓴 오늘은   년   월   일

하늘에 운동장 크기의 장미꽃이 떠 있습니다. 운동장 한쪽에서 커플로 보이는 남자와 여자가 장미꽃을 바라보고 있습니다. 어떻게 된 것일까요?

멋진 생각, 멋진 문장, 멋진 단어를 칭찬해보세요!

 **049** ✎ 이 글을 쓴 오늘은   년   월   일

나는 세계에서 가장 유명한 도둑입니다. 나에게 걸린 현상금만 50억! 이번에 훔치려고 하는 물건은 무엇인가요? 그 물건을 훔치기 위한 계획은 무엇인가요?

멋진 생각, 멋진 문장, 멋진 단어를 칭찬해보세요!

050 ✎ 이 글을 쓴 오늘은   년   월   일

나는 제약회사의 연구원입니다. 새로운 약을 개발하는 프로젝트를 맡게 되었습니다. 어떤 약을 만들고 싶나요? 그 이유는 무엇이고 어떤 사람들에게 나눠주고 싶나요?

멋진 생각, 멋진 문장, 멋진 단어를 칭찬해보세요!

 **051** ✎ 이 글을 쓴 오늘은   년   월   일

만약 교실에서 하룻밤 잠을 자야 한다면 어떻게 해야 가장 편안하게 잘 수 있을까요?

멋진 생각, 멋진 문장, 멋진 단어를 칭찬해보세요!

 **052** ✎ 이 글을 쓴 오늘은   년   월   일

나는 '미스터/미스 트로트 파이널' 오디션에 출연하게 되었습니다. 내일은 1위를 결정하는 날입니다. 어떤 무대로 심사위원들의 마음을 사로잡을 것인가요?

멋진 생각, 멋진 문장, 멋진 단어를 칭찬해보세요!

 **053** ✎ 이 글을 쓴 오늘은   년   월   일

가면무도회에 초대를 받았습니다. 가면 디자이너가 내가 그린 대로 가면을 만들어준다고 합니다. 어떤 가면을 쓰고 싶나요? 오늘은 그려보세요!

멋진 생각, 멋진 문장, 멋진 단어를 칭찬해보세요!

054

✎ 이 글을 쓴 오늘은   년   월   일

배를 타고 낚시를 하다 태평양에 빠졌습니다. 그런데 내 눈앞에 상어의 꼬리지느러미 다섯 개가 보입니다. 어떻게 할 것인가요?

멋진 생각, 멋진 문장, 멋진 단어를 칭찬해보세요!

 **055** ✎ 이 글을 쓴 오늘은　　　년　　　월　　　일

마녀의 저주에 걸려 앞이 보이지 않게 되었습니다. 마녀가 나의 손에 알약 4개를 쥐어주며 말했습니다. "빨간색 하나와 파란색 하나를 먹어야만 넌 눈을 뜰 수 있어. 만약 그렇게 먹지 않으면 죽게 될 거야. 꺄하하하하하~"
손에 있는 4개의 알약은 빨간색 2개와 파란색 2개입니다. 어떻게 할 것인가요? 그림을 그려 설명해보세요.

멋진 생각, 멋진 문장, 멋진 단어를 칭찬해보세요!

056

✎ 이 글을 쓴 오늘은   년   월   일

어느 날 A가 불의의 사고로 사망했습니다. 죽기 전에 A는 스마트폰에 #이라는 메시지를 남겼습니다. 용의자로 지목된 사람은 세 명. 과일 가게 아주머니, 치킨집 사장님, A와 항상 싸우던 옆집 아저씨. 범인은 누구일까요? 왜 그렇게 생각하나요?

멋진 생각, 멋진 문장, 멋진 단어를 칭찬해보세요!

 **057**　　✎ 이 글을 쓴 오늘은　　　년　　　월　　　일

오늘부터 30년 뒤, 나는 대한민국에서 가장 유명한 소설가가 되었습니다. 베스트셀러 1위를 차지한 나의 소설은 어떤 내용인가요?

멋진 생각, 멋진 문장, 멋진 단어를 칭찬해보세요!

058 ✎ 이 글을 쓴 오늘은　　　년　　　월　　　일

다른 사람이 어떤 생각을 하고 어떤 기분을 느끼는지 알 수 있는 독심술을 갖게 되었습니다. 우리 반 선생님은 매일 아침 9시에 어떤 생각을 하고 어떤 기분을 느끼실까요?

멋진 생각, 멋진 문장, 멋진 단어를 칭찬해보세요!

059 ✎ 이 글을 쓴 오늘은   년   월   일

나는 학교 급식실에 있는 식판입니다. 식판의 인생은 재미있을까요? 식판이 된 나의 하루 일기를 써보세요.

멋진 생각, 멋진 문장, 멋진 단어를 칭찬해보세요!

 **060** ✎ 이 글을 쓴 오늘은   년   월   일

내가 애니메이션 감독이라면 어떤 애니메이션을 만들고 싶나요? 어떤 등장인물이 나올지, 어떤 어려움을 극복해나갈지 자세하게 써보세요.

멋진 생각, 멋진 문장, 멋진 단어를 칭찬해보세요!

나는 젤리 디자이너입니다. 곰돌이 모양, 지렁이 모양, 과일 모양 젤리를 뛰어넘는 새로운 젤리는 어떤 모양일까요? 어떤 맛이 날까요? 오늘은 그려보세요!

멋진 생각, 멋진 문장, 멋진 단어를 칭찬해보세요!

062

✏️ 이 글을 쓴 오늘은   년   월   일

내가 가지고 있는 물건 중 하나를 골라 사람처럼 말할 수 있게 만드는 능력을 갖게 되었습니다. 어떤 물건과 어떤 이야기를 해보고 싶나요?

멋진 생각, 멋진 문장, 멋진 단어를 칭찬해보세요!

 **063** ✎ 이 글을 쓴 오늘은　　　년　　　월　　　일

물건을 손으로 쓰다듬으면 물건에 적힌 글을 지울 수 있는 능력을 갖게 되었습니다. 이 능력을 어디에 어떻게 사용해보고 싶나요?

멋진 생각, 멋진 문장, 멋진 단어를 칭찬해보세요!

064 ✏️ 이 글을 쓴 오늘은   년   월   일

내 손이 지금보다 다섯 배 커지면 무엇이 달라질까요? 이렇게 커진 손으로 해보고 싶은 일이 있나요?

멋진 생각, 멋진 문장, 멋진 단어를 칭찬해보세요!

 **065** ✎ 이 글을 쓴 오늘은   년   월   일

50년 뒤에는 도로에 있는 자동차들이 모두 지하 터널 속을 달린다고 합니다. 정말로 그렇게 된다면 지금의 도로는 어떤 모습으로 변할까요?

멋진 생각, 멋진 문장, 멋진 단어를 칭찬해보세요!

066

✎ 이 글을 쓴 오늘은   년   월   일

어제 오후에 〈겨울 왕국〉의 엘사와 〈정글북〉의 늑대 아켈라가 길에서 우연히 만났습니다. 둘은 한 시간 동안 이야기를 나눴다고 하는데 어떤 이야기를 했을까요?

멋진 생각, 멋진 문장, 멋진 단어를 칭찬해보세요!

067 ✎ 이 글을 쓴 오늘은　　　년　　　월　　　일

급식을 많이 남겼지만 다 먹은 것처럼 보이게 만들 수 있을까요? 선생님의 급식 검사를 통과할 수 있는 나만의 비법은 무엇인가요?

멋진 생각, 멋진 문장, 멋진 단어를 칭찬해보세요!

 **068** ✎ 이 글을 쓴 오늘은   년   월   일

내일부터 세상의 모든 스마트폰을 사용할 수 없다고 합니다. 사람들은 앞으로 어떻게 살아가야 할까요?

멋진 생각, 멋진 문장, 멋진 단어를 칭찬해보세요!

10초에 500단어를 쓸 수 있는 놀라운 능력을 갖게 되었습니다. 이 능력으로 무슨 일을 하고 싶나요?

멋진 생각, 멋진 문장, 멋진 단어를 칭찬해보세요!

 **070** ✎ 이 글을 쓴 오늘은　　　년　　　월　　　일

한 컵만 마시면 일주일 동안 잠을 자지 않고 지낼 수 있는 물약을 만들고 있습니다. 이 물약의 재료와 만드는 방법을 써보세요.

멋진 생각, 멋진 문장, 멋진 단어를 칭찬해보세요!

 **071** ✏️ 이 글을 쓴 오늘은   년   월   일

나는 아주 유명한 카페의 메뉴 개발자입니다. 제철 과일이 잔뜩 들어 있는 달콤하고 상큼한 여름 음료를 어떻게 만들 수 있을까요? 오늘은 그려보세요!

멋진 생각, 멋진 문장, 멋진 단어를 칭찬해보세요!

072

✎ 이 글을 쓴 오늘은   년   월   일

햄버거 전문점에서 세계 최초의 이벤트를 합니다. '아파트 2층 높이의 햄버거 빨리 먹기 대회'입니다. 누구와 어떻게 하면 이 대회에서 우승할 수 있을까요?

멋진 생각, 멋진 문장, 멋진 단어를 칭찬해보세요!

 **073** ✎ 이 글을 쓴 오늘은   년   월   일

알라딘의 양탄자처럼 책을 타고 날아다닐 수 있다면, 가장 성능이 좋은 책은 어떤 책일까요? 그렇게 생각한 이유는 무엇인가요?

멋진 생각, 멋진 문장, 멋진 단어를 칭찬해보세요!

 **074** ✎ 이 글을 쓴 오늘은   년   월   일

벌써 이틀째 하늘에서 비 대신 콜라가 내리고 있습니다. 앞으로 어떤 일이 일어나게 될까요?

멋진 생각, 멋진 문장, 멋진 단어를 칭찬해보세요!

 **075** ✎ 이 글을 쓴 오늘은   년   월   일

잠에서 깨어나니 거울 속에 갇혀 있습니다. 거울은 특수 제작되어서 깨뜨리고 나가는 것이 불가능하다고 합니다. 거울 속 세상에서 즐겁게 살아갈 수 있는 방법은 무엇일까요?

멋진 생각, 멋진 문장, 멋진 단어를 칭찬해보세요!

 **076** ✎ 이 글을 쓴 오늘은   년   월   일

아주 멀리 있는 것들도 잘 볼 수 있는 20.0의 시력을 갖게 되었습니다. 나는 이 능력을 어디에 어떻게 사용해보고 싶나요?

멋진 생각, 멋진 문장, 멋진 단어를 칭찬해보세요!

초밥은 흰 밥 위에 생선이나 달걀, 채소를 얹은 요리입니다. 내 친구가 좋아할 것 같은 새로운 초밥의 모양과 맛을 상상해보세요. 오늘은 그려보세요!

멋진 생각, 멋진 문장, 멋진 단어를 칭찬해보세요!

 **078** ✎ 이 글을 쓴 오늘은   년   월   일

차에 탄 채로 음식을 주문할 수 있는 '드라이브 스루' 가게가 있습니다. 햄버거나 커피 가게가 있죠. '드라이브 스루'로 만들 수 있는 식당이나 다른 가게가 또 있을까요?

멋진 생각, 멋진 문장, 멋진 단어를 칭찬해보세요!

 **079** ✎ 이 글을 쓴 오늘은   년   월   일

책상 대신 벌집 모양 와플 위에 책과 필기도구를 올려놓고 공부하면 어떤 일이 생길까요?

멋진 생각, 멋진 문장, 멋진 단어를 칭찬해보세요!

 **080** ✏️ 이 글을 쓴 오늘은   년   월   일

생각을 찍는 X선 촬영 기계가 개발되었습니다. 이 기계를 사용하면 사람이 무슨 생각을 하고 있는지 알 수 있습니다. 이 기계로 촬영해보고 싶은 사람은 누구이며 그 이유는 무엇인가요?

멋진 생각, 멋진 문장, 멋진 단어를 칭찬해보세요!

 **081** ✎ 이 글을 쓴 오늘은　　　년　　　월　　　일

나이를 먹을수록 머리카락이 빗자루처럼 뻣뻣하게 변한다면 80살이 되었을 때는 얼마나 단단해질 것 같나요? 그 머리카락을 이용해서 어떤 일을 해보고 싶나요?

멋진 생각, 멋진 문장, 멋진 단어를 칭찬해보세요!

 **082** ✎ 이 글을 쓴 오늘은   년   월   일

'배스킨라빈스 31'이라는 아이스크림을 알고 있나요? 한 달 내내 다른 맛을 보여주겠다는 의미를 담아 '31'이라는 숫자를 이름에 붙였다고 합니다. 내가 아이스크림 가게를 만든다면 어떤 이름을 붙이고 싶나요?

멋진 생각, 멋진 문장, 멋진 단어를 칭찬해보세요!

 **083** ✎ 이 글을 쓴 오늘은   년   월   일

나는 주사 바늘입니다. 사람들과 친해지고 싶은데 어린이들은 나만 보면 울죠. 내가 어린이들과 친해지려면 어떻게 해야 할까요?

멋진 생각, 멋진 문장, 멋진 단어를 칭찬해보세요!

나는 유모차 디자이너입니다. 자동차보다 비싼 유모차, 천만 원이 넘는 유모차를 만들어달라는 의뢰를 받았습니다. 어떤 유모차를 만들고 싶나요? 오늘은 그려보세요!

멋진 생각, 멋진 문장, 멋진 단어를 칭찬해보세요!

 **085** ✎ 이 글을 쓴 오늘은   년   월   일

미용실 바닥에는 잘린 머리카락들이 정말 많습니다. 이 머리카락들을 버리지 않고 사용할 수 있는 방법에는 어떤 것들이 있을까요?

멋진 생각, 멋진 문장, 멋진 단어를 칭찬해보세요!

 **086** ✏️ 이 글을 쓴 오늘은   년   월   일

자동차, 기차, 비행기, 로켓. 이것들보다 더 빠른 교통수단이 발명된다면 어떤 모양, 크기, 속도를 가지고 있을까요?

멋진 생각, 멋진 문장, 멋진 단어를 칭찬해보세요!

087   ✎ 이 글을 쓴 오늘은   년   월   일

종이 기저귀에는 소변을 흡수하는 특수한 물질이 들어 있습니다. 물을 흡수하는 이 물질을 갖게 된다면 어떻게 사용하고 싶나요?

멋진 생각, 멋진 문장, 멋진 단어를 칭찬해보세요!

| ✎ 이 글을 쓴 오늘은   년   월   일 |

ABC 주스는 사과(Apple), 비트(Beet), 당근(Carrot)이 들어 있는 주스입니다. ABC 주스처럼 앞글자를 따서 과일이나 채소 주스의 이름을 만들어보세요. (한글, 영어 모두 가능합니다.)

멋진 생각, 멋진 문장, 멋진 단어를 칭찬해보세요!

 **089** ✎ 이 글을 쓴 오늘은   년   월   일

상어가 주인공인 노래를 들어본 적 있나요? 그 노래보다 더 많은 인기를 끌 수 있는 돌고래 가족에 대한 노랫말을 써보세요.

멋진 생각, 멋진 문장, 멋진 단어를 칭찬해보세요!

과거에는 줄이 있는 이어폰을 사용했고 요즘에는 무선 이어폰을 사용합니다. 미래에는 어떤 이어폰을 사용하게 될까요? 오늘은 그려보세요!

멋진 생각, 멋진 문장, 멋진 단어를 칭찬해보세요!

 　　✎ 이 글을 쓴 오늘은　　　년　　　월　　　일

알약 하나만 먹으면 하루 동안 음식을 통해 얻을 수 있는 모든 에너지를 얻을 수 있습니다. 이런 시대에서 치킨 가게는 어떻게 살아남아야 할까요?

멋진 생각, 멋진 문장, 멋진 단어를 칭찬해보세요!

092

✎ 이 글을 쓴 오늘은   년   월   일

내 두 손이 유리 손이 되어버린다면 나는 어떤 인생을 살게 될 것 같나요?

멋진 생각, 멋진 문장, 멋진 단어를 칭찬해보세요!

 **093** ✎ 이 글을 쓴 오늘은　　　년　　　월　　　일

잠에서 깼더니 스마트폰 화면 속에 들어와 있다는 것을 알게 되었습니다. 배터리는 100%라고 뜨네요! 스마트폰 속에서 시간을 어떻게 보내고 싶나요?

멋진 생각, 멋진 문장, 멋진 단어를 칭찬해보세요!

094

✎ 이 글을 쓴 오늘은   년   월   일

애니메이션이나 영화 속 주인공이 된다면 어떤 역할을 맡아보고 싶나요? 코난 같은 어린이 탐정? 천재 초등학생?

멋진 생각, 멋진 문장, 멋진 단어를 칭찬해보세요!

 **095** ✎ 이 글을 쓴 오늘은   년   월   일

'김바름', '박친절'처럼 처음 들었을 때 착할 것 같은 느낌이 드는 이름 다섯 가지를 적어보세요.

멋진 생각, 멋진 문장, 멋진 단어를 칭찬해보세요!

 **이 글을 쓴 오늘은   년   월   일**

만약 컵이 감정을 가지고 있다면 어떤 음료를 담을 때 가장 기분이 좋을까요? 물? 녹차? 커피? 콜라? … 그렇게 생각하는 이유는 무엇인가요?

멋진 생각, 멋진 문장, 멋진 단어를 칭찬해보세요!

 **097** ✎ 이 글을 쓴 오늘은 　　　년　　　월　　　일

가족과 함께 영화관에서 영화를 보고 있는데, 갑자기 아래쪽에서 "으악" 하는 비명이 들렸습니다. 무슨 일일까요? 그 일을 어떻게 해결하면 좋을까요?

멋진 생각, 멋진 문장, 멋진 단어를 칭찬해보세요!

 **098** ✎ 이 글을 쓴 오늘은   년   월   일

오늘은 무슨 일을 했든지 무조건 칭찬받는 '칭찬 Day'입니다. 선생님이 나에게 어떤 칭찬을 해주실 것 같나요?

멋진 생각, 멋진 문장, 멋진 단어를 칭찬해보세요!

 **099** ✎ 이 글을 쓴 오늘은　　　년　　월　　일

밥 먹기를 싫어하고 케이크, 과일, 고구마처럼 단 음식만 먹으려고 하는 동생이 있습니다. 어떻게 하면 밥을 먹게 할 수 있을까요?

멋진 생각, 멋진 문장, 멋진 단어를 칭찬해보세요!

✎ 이 글을 쓴 오늘은   년   월   일

마지막 글쓰기입니다. 나의 창의력이 녹아 있는 이 책을 홈쇼핑에서 판매하려고 합니다. 어떻게 광고하면 좋을지 그 내용을 적어보세요.

멋진 생각, 멋진 문장, 멋진 단어를 칭찬해보세요!

글쓰기 인증서

성 명 :

끝마친 글쓰기 질문 :   개

년   월   일

위의 기재된 내용이 틀림없음을 확인함.

글쓰기 동반자   서명